AF377938

Le Parfum
de
la Liberté

Marie Farah

Dépôt légal - Bibliothèque et Archives nationales du Québec et Bibliothèque et Archives Canada 2020.

ISBN : 978-2-9818835-1-3

Droit d'auteur Canadien

À MA FAMILLE

À la mémoire de mon époux Élias,

À mes enfants

Nicolas, Samir et Fadia,

À mes petits-enfants

Marc, Philippe, Mathieu et Catherine Élia.

Je dédie cette œuvre à mes enfants

Et à mes petits enfants

Pour que fleurisse en eux cet amour infini,

Et qu'il les rende libres d'esprit

Face à cet héritage précieux

Qui ravive le cœur et affirme la vie

Dans des idées embellies et définies.

Marie Farah

PRÉFACE

Je t'invite à faire un pas vers cet Amour infini
Qui englobe l'univers,
À tendre l'oreille et entrouvrir le volet de ton cœur
Pour connaître cette Splendeur suprême
Qui du haut de là t'écoute et te suit
Te guide et ouvre la voie de ton chemin
Pour arriver à te faire découvrir et à te dévoiler
La Vérité que par ta propre vision et par un consentement
Et une approbation personnelle t'ouvre
À une réalité bel et bien omniprésente
Qui te côtoie et par la suite te comble
Et te laisse savourer ce Parfum de liberté unique
Qui aboutit à te relier au Père de l'humanité.

TABLE DES MATIÈRES

Préface 7
Table des matiÈres 8
Reflexion 10
CHAPITRE I 11
À mon parfum de tous les jours 11

　　La création 12
　　Un arbre sans fin 15
　　Un Amour infini 17

CHAPITRE II 19
Je tiens à vivre ma liberté 19

　　Il est là 21
　　Je viens vers toi, Seigneur 25

CHAPITRE III 29
L'âme cherche son existence 29

　　Un espoir 31
　　L'Ultime Vérité 35
　　Le souffle de l'héritage 36

CHAPITRE IV 41
Je suis un point de repère 41

　　Un Regard Suprême 43
　　Une rime pour tous les mythes 45

CHAPITRE V 47
À la Très Sainte Vierge Marie 47

　　Je l'attendais en ce mois de mai 49
　　Marie, Mère de Lumière 51
　　C'est une main qui s'étend 55
　　À ma mère 57
　　Tu es mon bien-aimé 61
　　Marie Porte du Ciel 63
　　Dans Tes monastères 67
　　À toi mon fils 69

Mois de Marie 71

CHAPITRE VI 75
À qui appartient cette terre 75

Aux gens de bonne foi 77
Une étincelle luit 79
La ferveur d'une prière 83
Sur la route de Damas 85

CHAPITRE VII 87
Je me divulgue en liberté 87

Un lendemain serein 89
Le train de vie 91
Un souvenir 93
Mon renfort 95
J'ai pris mon panier 97

RÉFLEXION

Je suis dans un monde
Que je n'ai pas choisi.
Dieu en moi
C'est Lui qui me l'a donné.

C'est par Lui avec Lui,
Cheminant toute ma vie
Dans l'amour, l'espérance
Jusqu'à l'éternité.

CHAPITRE I

À MON PARFUM
DE TOUS LES JOURS

La création

Au son du tambour
Au son de la trompette
La porte du paradis céleste
S'ouvre par un immense amour.

Par le Puissant et l'Immortel
Un flot d'étincelles émerge et s'éparpille
Partout dans le plein univers
Marquant une réalité, la vie éternelle.

Lui, le Fort, le Puissant,
Émet Sa lumière, Son élan,
Illumine le soleil, d'un firmament
Sur tous les continents.

Sur la terre, Il impose Son trône
Sa majestueuse beauté, Son royaume,
Son souffle de vie, de joie, de liberté,
Crée un être humain conforme à Sa réalité

Cette créativité est pour toute l'humanité,
Adam et Ève, nos pères et nous tous par continuité,
D'une même source, reprenons Sa vitalité
Répandant Son esprit d'amour et de fraternité.

Un arbre sans fin

Là où l'on est dans la brume
Là où notre destin est ultime
Notre Seigneur vient nous réveiller
Pour prendre en main notre destinée.

Allez, je vous accompagne
Dans la recherche de votre pain
Pain de vie que je vous offre
Serrez-le bien fort dans votre coffre.

Mon bien-aimé et ma vie
Sur votre terrain, Il vit
Entouré de fauves et de mépris
C'est parmi ses amis qu'Il quitte sa vie.

Non, Il ne l'a pas laissée en vain,
Quitter et aller sans chagrin
C'est dans un noyau qu'Il a semé
Il reviendra un jour le récolter.

Il deviendra un arbre sans fin
Sous lequel s'abritera tout être humain
Chaudement serré, englobé par une main
Exaltante, une tendresse, un amour sans déclin.

Ce n'est pas la fin, c'est le commencement
D'une vie sereine, calme dans le firmament
D'un créateur vigilant qui prend en main
La barque qui vire vers un lendemain.

Un Amour infini

Du fond de la terre jusqu'à l'Éternel
Traversant la roche et transcendant vers le ciel
Un arbre d'amour et de merveilles
Abrite des oiseaux et des abeilles
Un lieu de fruits et de miel.

D'un majestueux tronc bien bâti
La petite feuille prend la lumière et se nourrit
Sa croissance éblouit
Il nous apprend la modestie,
Être grand est aussi important qu'être petit.

En nous y attachant, Il s'attache à nous
Et l'on devient un avec Lui
Il nous amène la sève remplie de sucre et de vie,
Nous nourrit de Son immense Amour,
Et nous protège du soleil et de la nuit.

Son Amour infini englobe
Les amis et les ennemis
Un gardien dont la conscience dépasse
Tout orgueil et tout souci
Pour parvenir à la survie.

CHAPITRE II

JE TIENS À VIVRE
MA LIBERTÉ

Entre ces pages

Entre ces lignes

Je tiens à découvrir

À vivre ma liberté

Il est là

Il est là, Il tend notre continuité
Il est là, Il sent notre intimité
Il nous suit par Sa générosité
Son amour, Sa tendresse, Son humilité.

C'est quoi la vie sans Le regarder,
C'est quoi la vie sans Le contempler,
C'est le vide répandu ingéré
Qui éloigne notre chemin de la vérité.

De là, je plonge dans la diversité
La vie me comble de sa brutalité
Détester, haïr, confronter avec dureté
Embrouillé et perdu dans l'obscurité.

La détresse envahit toute crédibilité
Châtie le jour où s'illuminait ma nativité
C'est avec la terre que je lie toute sérénité
M'aveuglant dans l'abîme de la sévérité.

Jusqu'au jour où remplie de gravité
Je me délaisse avec tranquillité
Solitaire, abattue par ma ténacité
À mon sort, à mon trésor de culpabilité.

Le cœur fermé dans l'opacité
Évitant les points faibles d'une fatalité
Je blâme tout être avec ambiguïté
De ma destinée, je me blottis avec nervosité

Il est là, Il attend ta lucidité
D'entrouvrir le volet de ta liberté
Espérant retrouver Sa brebis révoltée
De son sort, l'arracher avec fermeté.

Il attend avec douceur et avec assiduité

Ton prochain recours à Son amitié

Ton premier pas pour Lui, c'est une immensité

Il te poursuit à tâtons et patience et longue vitalité.

Sa prévoyance te dirige vers Sa fraternité

Tu côtoies avec Lui un chemin de solidarité

Traversant les obstacles, les douleurs avec fermeté

Il t'englobe et te tient en exclusivité.

Arrivé à la croisée d'une nouvelle nativité

Il vient dans ton royaume pour y habiter

Il s'y enlace en toute liberté

Dans l'amour avec Lui, l'espérance de l'éternité.

Je viens vers toi, Seigneur

Je viens vers toi, Seigneur,
Je mets, entre tes mains,
Mon présent, mon futur, mon destin.

Je ne viens pas seul, Seigneur,
J'amène mes parents, mes sœurs,
Mes frères, mes amis et mon prochain.

J'apporte avec moi, Seigneur,
Mes défauts, mon esprit tannant,
Mes vocations, mes dons et mes talents

Sur la route vers toi, Seigneur,
J'invite les malades, les affamés
Les tristes, les misérables et les assoiffés

Dans la joie vers toi, Seigneur,
Je te présente les enfants de chœur
Chantant et glorifiant ton Nom avec ardeur

Je n'oublie rien, Seigneur.
Les bénévoles, les engagés, les dévoués
Fleurissent notre chemin épinglé

Je m'approche vers toi, Seigneur,
Ouvre-moi les portes de ton cœur
Et écris mon nom au fond de Ton Sacré-Cœur

En toi, je déclare, Seigneur,
Ma foi, mon espérance, mon amour
Je resterai fidèle à toi pour toujours

Tu exauces mes prières Seigneur,
Et tu me combles de bonheur
Entre en plénitude au plus profond de mon cœur.

CHAPITRE III

L'ÂME CHERCHE
SON EXISTENCE

En permanence

L'âme cherche

Avec insistance

Son existence

Un espoir

Je voudrais bien voir
Mon cœur en espoir
Assis sur le trottoir
Désespéré et sans pouvoir

Je me déplace sans le vouloir
L'offrir avec grâce et avec devoir
Où je serais dans un couloir
Isolé et sans le savoir

Je m'abandonne sans promouvoir
L'instinct et le sens du devoir
Confrontés à un obstacle à un butoir
J'arrive à la limite de mon déchoir

Mes principes pliés jadis dans le tiroir
Étaient pour moi un bouclier provisoire
L'obsession de mes persécuteurs et de mes observatoires
Me piégeait en me tendant un amorçoir

Me défendre et me redresser par un battoir
Me recule des décennies dans le noir
Plongé dans une marée sans nageoire
Je me retrouve au plus profond de mon désespoir

Délire que le ciel fait tomber et pleuvoir
Bonté charité et amour sans les avoir
Vus, rencontrés, côtoyés sur le chemin du devoir,
Perdu par un conflit m'envoyant à l'abattoir

Confié à la providence et à l'oratoire
L'écho de ma détresse va sûrement falloir
Projeter les ultrasons d'un retendoir
Pour parvenir même à un opératoire

Désarçonné par les moyens dilatoires,
Les engagés du bon pasteur revivent la mémoire,
Les bonnes volontés des ouvroirs
Me font parvenir un brin d'espoir

Soudain, une main se pose sur mon bavoir
M'éveille pour me faire sortir de ce nichoir,
M'ouvre à la vie à la vérité, à croire,
Heureux vous qui êtes pauvres,
Vous serez dans la gloire.

L'Ultime Vérité

Dans l'obscurité, la brume et la détresse
Tamisons nos puissances et nos hardiesses
Regagnons dans l'étroit de nos idées
L'Ultime Vérité de notre réalité.

Loin du tumulte et des bruits
De la technologie et des fantaisies
Retournons à la racine de notre vie
Un enfant dans la nature bien vieillie.

Sur la terre nos regards dirigés
Vers un recours pour nos ambiguïtés
Oublions un regard dans un univers
Bienveillant et tendre en continuité.

Dure est la terre où reposent nos pieds
Nos pas tracent des marques gravées
Là où nos pères ont déjà commencé
Naître, vieillir, mourir, dans un monde maté.

Le souffle de l'héritage

C'est dans la vie que je me suis pris
Loin des parents et des amis
Je réclame mon droit acquis
Le réchauffement du cœur et de l'esprit

Les années s'écoulent
Comme la neige sous la pluie
Dans le cours de la vie, filtrent
Et gisent la solitude et l'ennui

Mon regard parcourt tous les côtés
Est-ce que je trouve dans la vallée
Un souffle qui me reconnaît
Qui vient toucher mon âme isolée

Les images se succèdent dans ma mémoire
Où sont-elles passées sur ma trajectoire
Quand jadis je livrais mon réservoir
À des festins pour les recevoir?

Une arme auparavant me trahit
L'obsession de mes pensées envahie
Mon cerveau, ainsi soumis
Le temps que j'aie tissé tout le long de ma vie

La solitude a givré mes habitudes
Camouflée sous le titre de la certitude
A abouti à une détresse en gratitude,
Dans un sens figuré de la plénitude

M'oublié et dans les besognes, englouti
Encombré, tracassé par des exigences, je parie
Une jeunesse qui pense que tout cela survit,
Mais entre les plis d'un livre, une série sera finie

J'ai pensé bien marquer par mes propres mains
Ma vie, mon futur, mon destin,
Arrivé à une amertume à la fin
Cherchant un artisan qui termine mon chemin

De loin, je Le voyais au passage
Apeuré de m'approcher de cet héritage
Cet Amour me paraissait un mirage
À L'effleurer, Il illumine le visage

Je désire m'approcher de cette ardeur
D'un Être qui chérit en profondeur
Je Lui livre tout ce que je possède de valeurs,
Avant tout qu'Il me rende la chaleur de mon cœur.

CHAPITRE IV

JE SUIS
UN POINT DE REPÈRE

Je ne suis pas

L'essentiel

Mais un point

De repère

Un Regard Suprême

Du haut du sommet, Il observe
Le tumulte envahit la planète
Ravagée par un fléau redoutable
De carnage, et d'émeute

Ce mal guette toute sérénité et calme,
L'humanité accompagnée de doute
Durcie sous le fardeau alourdi,
Est écrasée par le chagrin et par l'oubli.

La voilà, regarde, angoissée,
Elle cherche un espoir éparpillé,
Muette devant cette suprême splendeur
Elle attend Son regard avec ardeur

Elle acquiert Son amour perdu
Sa Paix éjectée par les conflits
Elle appelle du fond du cœur
Qu'Il effleure cette bonté engloutie

Il appelle à la vie à la renaissance
À ouvrir les yeux sur le malheur établi
Laisser le soin à redécouvrir
Une réalité dissimulée sous un nuage gris.

Une rime pour tous les mythes

Dès le départ
J'ai pris ma guitare
Pour livrer ma part
Tout au long du boulevard

Je prenais des adeptes
Au son de ma mélodie, ils s'adaptent
Sûr de ma démarche, aptes
À réaliser Son amour par un acte

Ce rythme croise tous les mythes
Enchante le cœur et s'élance dans un site
Relève l'esprit et laisse le corps gît
Forme une chaîne ferme et unie

Ce rythme nous rend un seul mythe
D'une seule voix avec ma guitare mixte
Sur une même rime allégée de rite
Invite les tenaces et les extrémistes

Sur ce boulevard, on veille tard
De tout ambigu nous persistons à l'écart
Prêchons la nôtre en allumant nos phares
Déclenche la tolérance de toute part.

CHAPITRE V

À LA TRÈS SAINTE
VIERGE MARIE

À ma bien-aimée

La Très Sainte Vierge Marie

Qui est Mère de lumière,

Notre Mère spirituelle

Je l'attendais en ce mois de mai

J'attendais Sa visite en ce mois de mai,
Dès l'arrivée de son icône dans ma demeure
Elle a affirmé Sa présence et puisé l'huile sacrée.

Ce fut la grande joie et le grand bonheur,
Une grande grâce
Pour moi et pour ma famille,
Et pour tous ceux qui étaient présents ce jour-là.

Du fond de mon cœur, je L'appelais toujours
Marie, Mère de Lumière

Marie, Mère de Lumière

Ma bien-aimée et ma vie
C'est pour Elle que je vis
Elle a comblé mon âme de vie
Je voudrais bien lui offrir ma vie.

Mère de Lumière que je nomme
De toute ma vie que je vous donne
Tant de respect, d'amour se passionnent
Dans un cœur par Ton Nom rayonne

Glorieux Ton Nom partout, terre et cieux
Hommes, femmes, enfants et anges fredonnent,
Un refrain resplendissant et lumineux,
Marie, Lumière, Mère de Lumière, ordonne.

Enfants, serviteurs que nous sommes
Entre Tes mains, toujours en somme
Blottis, engloutis, dans un cœur qui bourdonne
D'amour, de piété, de tendresse, s'abandonnent.

Éternellement dans ma demeure Tu rayonnes
Avant et après ma naissance c'est Toi qui aumônes
Notre amour vers Toi entonne
Une mère entoure ses enfants, chantonne.

Répandre ton amour, ma mère, me suffit
Me remplit d'amour et d'eau de vie
Étendre ta générosité, ta bienveillance
Sur tous les continents sous ta surveillance.

Tu les as demandées et Tu les as eues
D'ailleurs, dès mes premiers jours c'était à Vous
Dédié mon nom et ma maison élue
T'honorer, T'aimer, pour moi c'est un atout.

Quand un jour Tu demanderas ma vie
C'est à mes enfants et à mes petits que je confie
Ce splendide héritage que Tu nous as remis
Vis dans notre cœur, dans notre demeure à vie.

C'est dans cette maison qu'Elle s'est proclamée
Marie, Mère de lumière, à vous d'accepter
Notre humble maison qu'elle soit la vôtre
Mai s'illumine en permanence devant notre hôte

Je ne cesserai jamais de parler de Vous
Si les autres s'en lassent, pour moi, c'est le début
D'un amour qui va en transcendance
Pour arriver enfin à la délivrance.

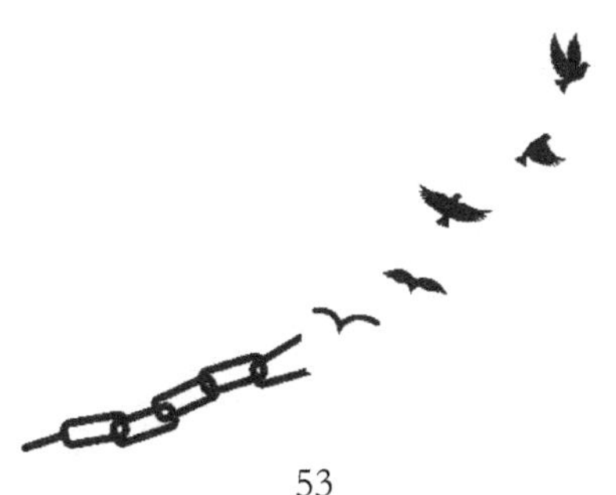

C'est une main qui s'étend

C'est une main qui s'étend

Vers un amour resplendissant

D'une créature aimante et ardente

D'une maman.

À ma mère

Au plus profond de mon cœur
Une étincelle vient me rappeler
L'amour d'un Être qui veille sans rappel
Loin de notre train de vie et sans appel.

C'est bien Elle qui surveille
Ma croissance depuis ma naissance
Attentive, bienveillante avec patience
M'entoure d'un amour qui vibre en silence.

Tant de fois je l'ai oubliée
Abandonnée, rayée parfois de mon calendrier
Encombrée par de multiples activités
Je n'osais pas Lui divulguer toute la vérité.

Elle entreprend toutes opportunités
Attrape les brins d'amour éparpillés
Profitant de ces moments de générosité
Elle sourit le cœur vibrant de fragilité.

M'apprendre me faire comprendre,
C'est Son ultime responsabilité
D'aller de l'avant, foncer,
En m'arrosant de prières et d'huiles sacrées

Dans l'amour maternel et dans la fraternité
Elle affirme les idées
Acquises des principes fondamentaux
Du Père de l'humanité.

Je suis là où je suis à cause de sa virtuosité
Je m'engage à la relève, à la continuité
Sa mission n'est pas encore accomplie
C'est en haut au-delà des nuages qu'Elle me bénit

Tu es mon bien-aimé

Elle ne cesse

De nous dire

De nous répéter

Et de nous rappeler:

« Toi, tu es mon enfant Bien-aimé »

Marie
Porte du Ciel

Marie, Mère très belle

Tu es toute belle

Le Seigneur enchante ses fidèles

Par une icône exceptionnelle

Sur tous les continents, parfait modèle

Tu prouves des merveilles

Ta présence émerveille

Et élimine toutes séquelles

Au message de l'Ange Gabriel,

Ta mélodie éveille

Toute âme en désespérance veille

À proclamer ton nom et t'appelle

C'est toi, mère d'Emmanuel
Tu bâtis tes vénérables chapelles
Inspirant des cœurs fraternels
Dans des lieux inhabituels

Tes enfants, mère fidèle
Accourent pêle-mêle
S'abritent sous Tes ailes
Et T'implorent dans les autels

En flots vers Toi, tels
Les pèlerins multiculturels
Qui de partout se mêlent
Et invoquent Ton ombre perpétuelle

Ton amabilité, Reine du Ciel
Pénètre mon être dévotionnel,
Habite mon âme rationnelle
Et proclame Ton amour inconditionnel

Marie, fille obéissante, spirituelle
Tu incites tes fidèles
À un sentiment mutuel
Ils Te suivent avec des chandelles

Je remercie le ciel
Pour cet astre unique universel
Qui brille comme un arc-en-ciel
Et illumine des siècles et des siècles

Dédié à Toi, oh! Porte du Ciel
Ton nom est Saint Maternel
Mère de Dieu Éternel
De naissance et de résurrection surnaturelles.

Dans Tes monastères

Dans Tes monastères

O Mère de Lumière

Tu appelles et Tu invites chacun,

Tu lui adresses la parole

Et Tu lui dis :

« A toi mon fils »

À toi mon fils

Dis-moi ce que tu fais ici
Dans ma plaine mon ami
Tu viens me visiter surpris
De l'amour que je te porte, mon fils

Je t'aime dès lors, depuis
Ta naissance je suis ton appui
Tout au long de ton vécu, oui
Je t'apprends à aimer à être aimé comme Lui

Ne L'abandonne jamais comme celui
Qui a quitté son père à des fantaisies,
A dispersé son argent, sa vie dans la nuit
Pour se retrouver à l'aube dans l'ennui

Il a sacrifié sa vie, le prix
Faute de reconnaissance d'autrui
Il a versé son sang pour tous et pour celui
Qui insiste à s'attacher et à s'unir à Lui

Je sèche tes larmes avec l'appui
De mon Dieu, mon éternel amour, depuis
La naissance de l'humanité jusqu'à ce qui suit
Jusqu'à l'éternité bénie, pour vivre avec Lui.

Mois de Marie

Quand le soleil aligne ses fils
Dégèle les sommets ensevelis
Et filtre sa chaleur et vivifie

C'est le mois de Marie!

Quand la source jaillit
L'eau creuse son lit
Et le ruisseau arrose les lys

C'est le mois de Marie!

Quand les arbres fleurissent
Les oiseaux quittent leur nid
Et les papillons désertent leurs abris

C'est le mois de Marie!

Quand l'herbe pousse dans les prairies
Les primevères croissent avec les pissenlits
Et les tulipes épanouies embellies

C'est le mois de Marie!

Quand les poussins percent les coquilles
Les agneaux dociles suivent les brebis
Et de leurs terriers, les lapereaux surgissent

C'est le mois de Marie!

Quand un enfant contre sa maman se blottit
Elle lui chante des mélodies pour Marie
Et proclame un amour approfondi

C'est le mois de Marie!

Quand l'enfant grandit
Agenouillé le soir près de son lit
Et fredonne sans cesse la prière de Marie

C'est le mois de Marie!

CHAPITRE VI

À QUI APPARTIENT CETTE TERRE

À qui appartient

Cette terre

Est-elle vendue

Aux enchères?

Aux gens de bonne foi

C'est la trompette qui retentit
Aux gens de bon esprit
Attachés à la source de vie
Dans la foi, ils sont bien établis

Partout dans le monde réparti
Revivent ce qu'ils ont acquis
Du Christ sur la croix crucifix,
Porté sur leurs épaules, ils ont grandi

Leurs marches lentes engourdies,
Leurs chemins pleins de soucis,
Par les obstacles, le cœur durci,
Confrontent le mal et les sans-soucis

C'est l'histoire qui se reproduit
Pierre auparavant l'a portée la tête vers le puits
Fiers de Le suivre en donnant leur vie
Réclament à tout être l'élan d'une nouvelle vie

Héritiers de ce message embelli
Le sort est dissocié de la liturgie
L'amour, l'espérance, la foi, prescrits
Dans un esprit libre, réagis.

La lumière de la foi a fourni
À nos ancêtres jusqu'à nos petits
La grâce qui nous nourrit d'un Amour infini
Nous maintenons ce flambeau jusqu'à la fin de la vie.

Une étincelle luit

Dans la nuit sombre et glaciale
Patrouille le froid infernal
Crispe les membres, gèle l'angle facial
Le cœur bat sa phase terminale

Un masque rend aveugles et sourdes les oreilles
Une plaque de plomb couvre mes effets sensoriels
Les portes closes sur mes facultés intellectuelles
Perdu dans mes idées mortelles

Le sort m'abat par une balle, épargne ma cervelle,
Dans la tourmente, je reprends mon appel,
Une chaleur le long de mon corps m'éveille,
Le sang sur ma paume m'informe la nouvelle

Dans ces ténèbres luit une étincelle
Étrangère en ce monde isolé, frôle
Mon corps, mon être frêle
Aplati sur-le-champ et moi j'appelle

Une sensation me bouleverse, me réveille,
Un soutien me tend la main et me délie
Une voix profonde en moi rend mon appel
N'aie pas peur mon enfant, je te tiens sous mon aile

Je ne t'abandonne jamais comme tel
Je t'ai promis un amour paternel
L'enfant prodigue, je suis en attente perpétuelle
Je ne laisse jamais une de mes brebis dans le néant éternel

C'est elle jadis qui illuminait mon ciel
Me réchauffait le cœur et ranimait l'essentiel
Être l'un pour l'autre un amour fraternel
À ces propos, je reprends mon zèle

Le Credo et la foi bien profonde en moi-même
Lui, l'Alpha et l'Oméga, le Suprême
Lui, la Vérité, Il prononce et déclare de Sa voix ferme
Quand vient le temps, c'est à Lui de mettre un terme.

La ferveur d'une prière

Allez levez-vous mes enfants
N'ayez pas peur, je vous attends
Courage à la rencontre de nos chemins
Je vous libère de celui qui bouleverse le temps

Sur cette terre, je te tends ma main
Et toi, donne-moi la tienne
Par la force de la foi, tu traces ta voie
De ton héritage qui n'aura point de fin

Vos aïeuls ont franchi des atrocités sanglantes
Et vous, vous le ferez autant
Par la ferveur d'une prière constante
Persévérante, sincère et ardente.

Elle exalte un amour profond
Irrévocable, un encens
Qui se relève vers Celui, à tout moment,
Te suit, t'inspire et t'exauce continuellement.

Cette terre n'est pas vendue aux enchères
Elle est partagée à tous, à Son être cher
Vivre et laisser vivre dans une harmonie des sphères
Elle appartient au Créateur, Dieu de l'univers.

Sur la route de Damas

Le rythme de la mélodie
M'éloigne dans l'esprit
Loin vers mon pays
Vers cette oasis pleine de vie

Je me faufile dans ses vergers
Flâne parmi ses fleurs d'oranger
Le parfum exalté de ses rosiers
Remplit mon âme et me laisse méditer

Cette terre a vu la Lumière
Sur la route de Damas, Paul illuminé
Tombé de son cheval à terre, aveuglé
Ananie lui a recouvré la vue et l'a baptisé

La vérité dans le cœur fleurit

Piété, appui, et amitié, chérie

Une cohabitation dans l'humanité établit

Une richesse de mœurs et de traditions bien réunie

Bienveillance et compassion assemblées

Sous la voûte du ciel assurée,

Tous réunis dans l'amour et la fraternité,

C'est à Damas où je suis née.

CHAPITRE VII

JE ME DIVULGUE
EN LIBERTÉ

Au chevet de mon lit
Où je puise
Mes pensées

Je contemple
Ma vie

Et me divulgue
Avec liberté

Un lendemain serein

Un enfant embarque
Avec ses liens s'éloignent
Par des vagues calmes et sereines
Pour un avenir clair et lointain

C'est d'ailleurs avec confiance
Espoir et espérance
Il franchit une étape d'existence
Pour un avenir sûr et certain

Rester dans cette ambiance
Bâtir et le conserver avec prudence
À des générations, nouer une alliance
En amour, foi et persévérance

Mais l'imprévu passe par une prévoyance,
Alerte à vos forces et à vos croyances,
Ébranle et remue toute présence
S'empare de l'esprit, du bien par insistance

Une force omniprésente protège nos sens
Se cramponne à nos dogmes, nos connaissances,
Repousse toutes ingérences,
Réanime la vie avec bienveillance.

Le train de vie

Où allons-nous dans ce train
Qui vagabonde parmi ces champs
Je me suis trouvée là-dedans
Embarquée avec des individus, appelés parents

Est-ce un destin nonchalant
Qui m'a été indiqué sur-le-champ
Ou une prévoyance dans le temps
M'a-t-elle désignée avec sagesse minutieusement

Des personnes montent à chaque stationnement
Dociles, livrant à ce train leur cheminement
Malgré les chutes, les fossés et les tournants
Solides, parfois faibles ou déprimantes tout le temps

Mais ce train débarque des gens, à un moment
Désigne un individu qui s'aligne dans un rang,
Malgré lui ou avec son consentement
Un à un et à un terme la porte s'ouvre et il descend

Qu'est ce qu'ils ont puisé jusqu'à présent
Amitié, arrogance ou une rancune permanente
D'après la loi appliquée, tous sont innocents
Mais arriver à l'au-delà, ça prendra un autre tournant.

Un souvenir

J'ai marqué un souvenir d'un clin
Une photo du passé en noir et blanc
Je ne réalisais pas que ce serait un moment,
À des décennies quand j'étais enfant

Entourée de ma famille aimante
Que j'ai toujours chéri tant
Oui, elle était présente dans le temps
Et maintenant, je compte des pages, des ans

Je pensais bien hier je maintenais le temps
Mais moi, aujourd'hui je n'y suis pour rien
C'est que le temps passe rapidement
Sans même faire, un seul refrain

Il passe d'un couplet à un autre
Juste un arrêt, une pause s'espace
Qui décrit et trace mon cheminement,
Une étape franchit, marque mon âge actuellement

C'est le temps de la moisson,
Est-ce que j'ai bien réalisé mon plan
Pour livrer ma récolte à temps
À celui qui prend la relève et gère ce champ.

Mon renfort

Ce jour-là, nous étions ensemble
Groupés autour d'un bois ardent
Chantonnant à mi-voix les refrains
De jadis quand nous étions enfants

Le sort emmène chacun dans un port
Loin des amis et du confort
La providence m'envoie un renfort
Aimer et être aimé, c'est là mon réconfort

La craque du bois enflamme
La mémoire, et me renvoie même,
Le feuilleton d'un conte vécu conforme
Aux mœurs, au credo marqué que j'aime

Ainsi, le défi de mes jours
C'est d'être à mon tour
Un support pour ceux qui m'entourent
Tout au long de mon séjour

À la lueur du brasier flamboyant,
Les souvenirs s'accumulent amplement
Je reprends doucement ma plume
Pour écrire sur ma vie commune.

J'ai pris mon panier

Et c'est ainsi...

J'ai pris mon panier

Et je l'ai rempli

Tout au long de ma vie

Du passé du présent

Et de toutes sortes d'oublis.